AF603607

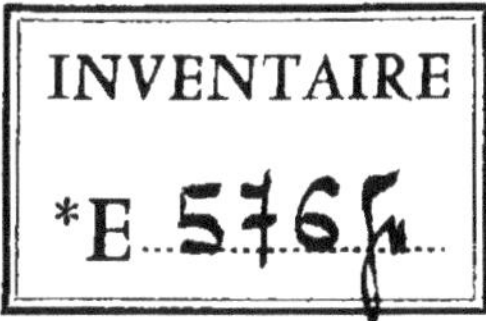

PRINCIPES RÉVOLUTIONNAIRES

Par A. Havard.

VENDU AU BÉNÉFICE DES FAMILLES DES DÉTENUS DE BELLE-ILE.

> Vous savez que les princes des nations, les traitent en maîtres, et que les grands exercent le pouvoir sur elles.
> Il n'en sera pas ainsi entre vous ; mais que quiconque voudra devenir grand parmi vous, soit votre serviteur;
> Et celui qui voudra être le premier, sera votre serviteur.
> JÉSUS-CHRIST.

Voilà que la famille humaine s'est accrue, comme un fleuve s'éloignant de sa source. Le *Temple* ne peut plus la contenir tout entière. Les rois, les grands, les nobles, les riches, l'Aristocratie en un mot, fidèle à son alliance avec le prêtre, et à ses intérêts les plus sacrés, se presse autour de l'autel ; le Sénat s'établit au Capitole. La foule sans nom se reflue vers

1851

le péristyle et se répand au dehors dans la place du marché, l'agora, le forum.

Debout sur le seuil, muette de crainte elle écoute religieusement la voix qui du fond du sanctuaire éclate en divins anathêmes, et porte encore le trouble dans sa conscience enchaînée; mais là, à ciel ouvert, doux et pur comme le sourire d'une vierge, à l'air libre et serein, et loin des maîtres, on conçoit que la multitude peu à peu rassurée s'entretînt de ses intérêts du moment, de son travail. O bonheur! ô jour trois fois heureux! la Liberté prit naissance!

Liberté, fille de la parole, mère de la science et du bien-être, aimée d'instinct par les masses qui s'ignorent elles-mêmes! vie des peuples éclairés! âme de notre âme! je te salue!

Reçois nos hommages, là même, hors du temple, sous le dôme étincelant du ciel, au pied de cette tribune, autel de la parole élevé dans la place du marché, en consécration du lieu de ton berceau! tandis que les pontifes, les princes du sénat, les pères de l'ordre très grand et très saint, brigands enrichis et glorifiés, trônants au Capitole sur l'or et l'ivoire, invoquent la Force et la Guerre, pour *conserver* leurs odieux priviléges; nous pauvres, nous prolétaires, machines de travail, esclaves du numéraire, nous t'aimons pour toi-même, grande Liberté, espérance éternelle de toute *vile multitude!* A toi nos cœurs, nos bras, notre vie! Et si nous t'appelons, ce n'est plus comme le plébéien d'Athènes et de Rome, pour son sang à lui, pour sa classe, à l'exclusion de l'esclave, du *barbare*, mais pour tous, frères, enfants de la même famille, te demandant l'extinction définitive des classes, l'association des intérêts pacifiés, le bien-être universel que *nous voulons par toi et par toi seule* !

Le monde romain, manifestation la plus complète de la *société aristocratique*, nous offre le spectacle d'un immense progrès dans le sens de la liberté, de l'extension du droit et de l'unité des peuples. C'est le beau côté ; mais le revers de la médaille nous révèle l'emploi le plus odieux de toutes les ruses atroces, de tous les moyens tyranniques à l'usage de l'aristocratie unie au sacerdoce, accouplement d'ogre et de vampire, pour dévorer la substance de la multitude et sucer jusqu'à la dernière goutte de son sang.

L'arme la mieux affilée de ce complot infernal fut la législation, glaive forgé derrière l'autel, remis, après force consécrations, aux mains du patricien ; réseau de fer à maille serrée, destiné à retenir le peuple dans une étreinte éternelle.

La théocratie consultée par les rois et les grands, sur les moyens les plus efficaces d'assurer l'ordre, rendit cet oracle universellement suivi : « Faisons la loi à l'image des dieux, à l'image de Janus, favorable à nos priviléges et hostile aux droits de la plèbe. »

Impossible de nier que c'est là l'origine de ce droit romain qui fleurit encore dans nos codes. Il est facile de distinguer l'empreinte du poinçon sacerdotal sur les premiers anneaux de cette chaine allongée et alourdie par le travail de trente siecles aristocratiques.

« A l'origine, dit Michelet, tout droit était » dans la religion, et dépendait des augures. »

Un autre historien non moins illustre nous enseigne que « si la jurisprudence des Romains

» était entourée de solennités et de mystères, » c'est qu'elle découlait de l'antique droit reli- » gieux. »

Personne n'ignore que le catholicisme, au jour de son triomphe, voulant aussi constituer la société avec le principe théocratique, emprunta au culte et au droit vaincus la pompe payenne et les ornements mêmes du prêtre, avec la nécessité des consécrations religieuses dans les principaux actes de la vie. Comme le Romain qui ne pouvait faire un pas sans consulter les augures, le chrétien fut obligé d'avoir sans cesse à ses côtés un prêtre chargé avec force lucre de diriger ses moindres mouvements, lier et délier ses sentiments, ses pensées; et qui pervertissant les voies évangéliques étendait une double servitude sur toute chair, depuis le berceau jusqu'à la tombe et au delà. D'où la nécessité des rites ou sacrements pour légitimer la naissance, le mariage, la mort! d'où l'usage de bénir et d'exorciser tout, champ, maison, lit, table, etc; d'où ces consécrations qui, à l'heure qu'il est, sous une loi athée, vont atteindre ces terribles inventions qui portent dans leurs flancs le feu qui doit dévorer l'antique sanctuaire de l'ordre, la dernière citadelle du despotisme et de l'exploitation. Ilion, la riche et puissante Ilion, fut mûre pour la destruction, lorsque ses pontifes inintelligents consacrèrent eux-mêmes cette grande machine, chef-d'œuvre d'un art divin, *divinà Palladis arte*, instrument de ruine complète qu'un aveugle fanatisme se fit une gloire d'introduire au cœur de la place.

Quos vult perdere Jupiter dementat. La

passion *dominante*, sous le nom de Jupiter, épaissit le bandeau sur les yeux de ceux qui courent à leur perte.

Impossible de nier l'origine suspecte de la loi. L'étymologie est là, qui rappelle comment elle a immolé le droit du faible, ayant même été instituée dans ce but; car le mot loi, *lex*, vient de *legere* choisir, parce que la loi, faisant acception de personnes, établissait une distinction entre les patriciens et les plébéiens, les uns traités comme les élus, le *choix* de la société, les autres comme le rebut.

« Les lois rencontrent toujours les passions » et les préjugés du législateur. Quelquefois » elles passent au travers et s'y teignent, quel- » quefois elles y restent et s'y incorporent. »

Lorsque, manquant à cette sagesse, cette majesté séculaire des lois, Montesquieu écrivait ces paroles qui sapent toutes les législations par leur base, il avait sous les yeux la liste interminable des monstruosités légales, inspirées ou maintenues par la superstition, et que la force imposa aux ignorants et aux faibles. Voyez plutôt.

PATRICIEN INVIOLABLE.

La loi défend de punir le patricien qui a commis un forfait. La loi permet seulement à la curie de déclarer que le patricien avait mal fait. C'était un ministre des dieux, et comme tel l'impunité lui appartenait.

PROPRIÉTÉ SACRÉE.

La loi n'accorde qu'au patricien la propriété

du champ consacré par les augustes mystères de la religion : la possession de ce terrain appelé *ager sacrarius*, entraîne avec elle l'accession à tous les priviléges aristocratiques. Ainsi, le droit émanant de la religion, le plébéien est déclaré profane et ne peut parvenir à la propriété du champ sacré. Le dieu-borne lui en défend éternellement l'entrée. En vain le sang coulera dans des luttes fratricides, la barrière sacrée ne s'abaissera pas devant le prolétaire : il faut que ses dieux absurdes et cruels soient détrônés. *La religion est le dernier verrou de la caisse.*

LA FEMME, LE FILS.

La loi établit le patricien maître et juge de sa femme. Pour qu'il ait le droit de la mettre à mort, il n'est pas nécessaire qu'elle ait violé la foi conjugale, il suffit qu'elle ait dérobé les clés ou qu'elle ait bu du vin, — forfait aujourd'hui relégué, Dieu merci, dans la liste des crimes et délits qui n'en sont plus. Avouez, mes dames, qu'il en est du droit comme du vin, qui devient plus doux en vieillissant. Espérez dans la République sociale pour les mûrir l'un et l'autre, et les présenter généreusement à vos lèvres vermeilles pour boire, avec ses vaillants défenseurs, à l'indépendance du monde.

La loi abandonne le sort de l'enfant au père, sans condition. L'enfant difforme est détruit à l'instant de sa naissance. Le père peut vendre son fils jusqu'à trois fois, il peut le mettre à mort. Un consul, Sp. Cassius, fut arraché par son père de la chaise curule, ramené dans la maison et immolé aux pieds des lares paternels.

CLIENTS, ESCLAVES, DÉBITEURS.

Trois *choses* laissées à la discrétion du patricien. Ministre des dieux, exerçant le pouvoir au nom de la force, il a fait sanctionner son avarice et sa cruauté par la loi, qui lui accorde le droit de mort sur son débiteur, comme sur un esclave ou un client.

On ne saurait se rappeler, sans frémir d'horreur, les prescriptions de la loi à l'égard du débiteur.

La personne du plébéien, sa femme et ses enfants répondent pour sa dette. S'il ne peut la payer, on le tiendra enchaîné dans un cachot avec des fers pesant quinze livres. Au bout de soixante jours, on le produit en public par trois jours de marché.

Au troisième jour, s'il y a plusieurs créanciers *qu'ils coupent le corps du débiteur*, dit la loi ; s'ils coupent plus ou moins, qu'ils n'en soient pas responsables.

Allons, vile multitude, à genoux ! voilà la loi !

Aux plébéiens le privilége d'aller se faire tuer pour enrichir d'illustres patrons. Exclus des différentes magistratures, ne jouissant d'aucune espèce de droits, les uns étaient écartés des comices sous le nom de plèbe ; les autres, admis au suffrage, n'avaient qu'un droit rendu illusoire par l'organisation perfide des *burgraves* à la robe bordée de pourpre.

Rome plébéienne protesta tout entière avec ensemble, avec énergie, à plusieurs reprises ; elle eut plus d'une fois son 1848 démocratique et social. Car ce ne fut qu'à coups de révolutions que la plèbe romaine obtint sa part de vie civile et politique. Ainsi le veut l'aristocratie, même républicaine.

Protestation vivante, souvent écrasée mais jamais soumise, se réveillant plus terrible du sommeil que lui versa la perfidie de ses maîtres, patrons, césars ou papes, la plèbe de Rome fut un modèle admirable de courage et de persévérance ; digne de cette jeune République qui continue de protester avec la foi des cœurs indomptables, après avoir reçu le baptême de sang et de feu à l'illumination des bombes que le saint-père faisait pleuvoir sur la tête de ses fils bien-aimés ! Honneur à Mazzini ! la tradition des Gracques et des Rienzi, qui se dresse dans son âme inébranlable, défend de prescrire contre les droits éternels des peuples.

Les plébéiens dont je rappelle les luttes et les souffrances, ont prouvé qu'ils savaient une chose rare en tout temps: mourir pour le droit. « Je ne suis pas un orateur, disait un rude » campagnard, je ne vous ferai pas un long » discours ; mais venez demain au forum, et » je vous garantis que la loi passera, ou je » vous montrerai comment on meurt pour » ses droits. »

L'humanité est en progrès quand un seul homme entend ainsi son droit.

Clients, esclaves, prolétaires, plébéiens, multitude sans nom, sans droit, sans pain, de la Rome éternelle, voilà en trois mots votre conduite et votre devoir fixés non pour un jour, mais pour tous.

A votre prochain triomphe *par le scrutin*, vous ferez passer, non pas une loi, mais un principe, l'Evangile, le *Christ* qui a dit : Il n'y aura parmi vous ni maîtres ni serviteurs, ni oppresseurs ni opprimés, ni riches ni pauvres; *je vous ai appelés — mes frères* !

L'ordre plébéien fit preuve d'un sens droit en posant la question sociale, du moins en germe, dès sa première protestation contre l'ordre aristocratique. Deux cris s'élevèrent au commencement de la République comme de nos jours sur toute la ligne des nations européennes : les uns demandèrent des droits, les autres du pain; tous attaquèrent l'usure.

Un vieillard paraît sur la place publique. Il est couvert de sales haillons, hâve et défait comme un mort, les cheveux hérissés et les vêtements en lambeaux. On reconnaît dans ce spectre effrayant de maigreur, un brave soldat dont la poitrine est sillonnée de cicatrices. De quoi se plaint-il ? De l'avarice autant que de la cruauté des grands. Il raconte que, dans la guerre contre les Sabins, son champ a été pillé, sa maison brûlée, ses troupeaux enlevés, puis les impôts autre fléau tombant sur lui à contre temps, il a fallu emprunter; l'usure, comme un cancer rongeur, a dévoré tout ce qui lui restait, et lui-même avait été emmené par un créancier, un bourreau qui l'a chargé de chaînes, et l'a frappé... ses épaules saignaient encore de coups de fouet. Les cœurs se révoltent, chacun expose ses griefs, l'indignation se propage, une révolution éclate. Le peuple, avouons-le, n'y gagna que des droits. Le pain ! Patience, on l'aura avec tout ce qui est juste; mais il faut que le grain soit broyé et l'absolutisme comme le grain; le *gouvernementalisme* n'ignorant pas cette maxime de la Sagesse : *L'indigence des pauvres les tient dans la crainte.*

Rien de plus humble que la première conquête de la démocratie : la nomination d'un magistrat chargé de parler pour ses intérêts. C'était peu et c'était tout. Le droit de parler; mais c'est le droit sauveur ! la manifestation libre de la pensée étant le Verbe fait chair, *vox populi vox Dei !* Aussi, que demandons-nous ? qu'on brise ses liens, qu'on cesse de le frapper ! Les hommes de foi, c'est donc nous, nous qui disons dans notre foi au progrès et à la liberté : Arrière la force, arrière Caïphe, Pilate, Hérode et tous les bourreaux qui lacèrent, qui flagellent, qui crucifient le Verbe ! hommes de peu foi, la cause de votre César est donc bien détestable qu'au moindre soupir de la grande victime vous appelez le secours des soldats étrangers ! Inutile de les supplier, ces alliés de la barbarie : le Verbe seul nous sauvera en se délivrant lui-même ; et nous verrons tous les idolâtres de la force et du gibet, pâles, éperdus de frayeur, tomber à plat sur la pente de la montagne expiatoire, quand au jour de la consommation du despotisme et des autres iniquités sociales, l'*Ouvrier* du salut universel aura poussé, du haut de 20 siècles d'agonie, ce cri formidable, *sitio*, j'ai soif de justice pour tous les parias de l'ordre et du temple : esclaves du salaire, serfs de la loi, plèbe, vile multitude que je suis venu racheter ! .....

Entre les mains d'hommes dévoués, ce droit fut un glaive dont la pointe atteignit partout où il y avait un abus à déraciner, un droit à conquérir, une amélioration à créer.

Taillant sans relâche dans le monopole et le privilége, ils obtinrent l'admission de la plèbe à toutes les magistratures et à tous les honneurs de la République ; jusqu'à ce que, pénétrant enfin dans le sanctuaire de la religion, du droit et de la puissance, elle vint partager la chaise consulaire avec les patriciens ; au grand scandale des défenseurs de la religion et de la famille. Tartufe, celui de notre époque, le grand ami de l'ordre, compte d'illustres payens parmi ses ancêtres vénérés. Eux aussi frémissaient d'horreur à la pensée de voir Rome et la souveraineté *s'encanailler*. Levant leurs mains et leurs regards dévots vers Jupiter qui frappe, *feriens*, ils s'écriaient :

« Ainsi donc, rien ne pourra rester pur. Il faudra que l'ambition plébéienne vienne tout souiller, et *l'autorité* consacrée par le temps, et la *religion*, et les droits des *familles* et les auspices. »

Langage que l'histoire aura besoin de flétrir une seconde fois sur les lèvres des demi-dieux de notre siècle.

Ceux du paganisme ne voulaient aussi que des princes à la tête de l'Etat ; mais ils eurent beau tonner, menacer, intriguer, verser l'or qui remue la terre, le ciel et les enfers, il fallut céder et accepter pour président de la République un homme de la *vile multitude* !

Le mur d'airain qui s'élevait entre l'aristocratie et les plébéiens est tombé.

Enfin la cité est constituée dans le droit commun ; âge d'or politique qu'une déchéance passagère ne fera pas oublier aux nations d'origine latine.

Restait à étendre ce progrès ; car les bienfaits du droit commun une fois connus des voisins de Rome, et communiqués à quelques unes de ses colonies, tous les Italiens ne tarderont pas à se lever : contagion de la liberté ! Ne vous désespérez donc pas, vous autres esclaves, le vent qui souffle des monts de la Judée vous apportera cette peste dont vous ne vous guérirez jamais !

Ce mouvement ascensionnel vers l'unité qui resplendit snr la cime des sept collines, démontre le but providentiel des révolutions romaines, l'émancipation des races, l'émancipation de l'humanité devant être la conquête et le terme de la révolution française. C'est l'œil fixé sur le but qu'on plante ses jalons.

Rome avait pour mission d'abattre toutes les barrières, d'englober toutes les nations dans le droit de cité ; en abattant ses propres murailles afin d'offrir une patrie aux vaincus, et de préparer par une communauté de droits, de langue, de mœurs, de monuments, de monnaie, à la fraternité des races, avant-courrière de la fraternité universelle.

La plébe de Rome eut l'instinct de sa prédestination ; au contraire de l'aristocratie qui, se cramponnant à ses priviléges démantelés, s'efforça de repousser les Italiens accourant à la brèche, elle fut d'intelligence avec le nouveau renfort de la liberté. Si le forum fut encore changé en une arène sanglante, à qui la faute ? Au sujet de ces révolutions, l'histoire peut répéter le jugement que Chateaubriand porte sur celles qui ont éclaté parmi nous :

« Ces révolutions sont en vain accomplies au fond des mœurs ; en vain elles sont devenues inévitables comme les productions naturelles du temps, les chefs des empires refusent de reconnaître que le moment est venu. Les intérêts particuliers font résistance aux intérêts généraux, la lutte commence et devient plus ou moins sanglante, selon le mouvement des passions, le caractère des individus, les hasards et les accidents de la fortune. »

La question sociale est le pivot de ce grand mouvement.

Les changements opérés dans la constitution avaient créé une aristocratie d'argent, qui finit par s'emparer de l'influence et des priviléges dont la noblesse avait eu seule le monopole.

Peuple ! tiens-toi sur tes gardes.

Or, dans une aristocratie d'argent, le pauvre devient toujours plus pauvre et le riche toujours plus riche ; car celui-ci pour assurer ses richesses a besoin de les augmenter, et achève d'accabler le pauvre. Point de paix solide entre la haine et l'envie...dans cette société où nulle industrie ne laissait aux prolétaires l'espoir de sortir de leur misère. A quoi leur servait il d'avoir brisé la barrière légale, si la fortune pouvait rendre leurs droits illusoires, et dresser devant eux un mur infranchissable ?

Leur situation devenait intolérable. L'usure et l'excès des impôts avaient chassé les petits propriétaires du champ paternel, passé entre les mains de l'aristocratie. Et encore, l'usage était d'affermer aux citoyens pauvres une partie des terres conquises, moyennant une légère redevance. Les sénateurs déjà maîtres de la part du lion, étendirent la griffe sur le reste. Ils parvinrent à déposséder le fermier en élevant chaque année le prix des baux. Une loi défendait, il est vrai, d'avoir plus de cinq cents arpents : les riches éludèrent la loi et violèrent leurs serments sans scrupule. En est-il, quand il s'agit de s'enrichir ? Les esclaves remplacèrent dans la culture les plébéiens, devenus si malheureux que plusieurs vendirent leur liberté.

Cette épouvantable tyrannie fiscale et usuraire révolta des patriciens mêmes. Les Gracques crurent que l'exécution stricte des lois agraires mettrait fin à tant de maux. Ils gagnèrent à la cause populaire toute l'Italie par l'appât du droit de cité. C'était bien, mais ce n'était pas assez. Point de demi-mesure. La solution pour être vraie, complète et durable, devait s'appliquer à tous, aux esclaves comme aux plébéiens, aux clients comme aux patrons, aux pauvres aux riches, à tous. Pas d'exclusion, c'est la condition *sine qua non* du progrès pacifique, et surtout de la permanence dans les réformes acquises, parce que c'est la justice. Exclure, c'est reculer vers l'envie, le désordre, la guerre.

Ainsi, les Gracques s'imaginant qu'il suffirait de partager les terres entre les citoyens pauvres, et d'appeler les alliés au droit de cité, pour anéantir la tyrannie usuraire et rendre au peuple l'amour du travail, s'abandonnèrent à l'illusion d'une âme généreuse, mais partagée entre les ténèbres et la lumière, les préjugés et la commisération. Si leur œuvre avait duré, ils eussent créé un plus grand nombre d'aristocrates, ajouté un échelon à l'échelle de l'exploitation, qui, pour ne plus peser sur le prolétaire, aurait toujours porté sur la poitrine d'un homme, d'un frère... l'esclave. Ah ! que ne se livrèrent-ils à cet immense torrent d'esclaves qui grondait déjà dans les gorges des Apennins avec un murmure que les échos de l'Etna renvoyèrent plus formidable ! La Liberté parlant au nom de tous, la Justice marchant avec tous les membres de la grande famille les auraient élevés au dessus des obstacles, et présentés aux siècles futurs comme les bienfaiteurs de l'humanité. L'ère de l'Idée s'ouvrait deux siècles plus tôt ; et donnée au monde par le génie romain elle n'apportait pas au front le voile du mythe et l'ombre mystique de l'Orient, toujours prêt à tout déifier.

Mais ces illustres tribuns, nés dans l'aristocratie ne pouvaient s'élever au sentiment ni à la pensée de l'égalité du sang ; et quand Tibérius traversant l'Italie pour se rendre en Espagne vit les campagnes désertes ou cultivées par les esclaves, il fut insensible à leurs maux, il ne les aperçut même pas ; étaient-ce des hommes? Son cœur ne s'émut que de la misère du plébéien. Il reprocha aux riches de préférer ces esclaves, inutiles aujourd'hui dans la paix, disait-il, et dangereux un jour dans la guerre. Et tout fut dit pour eux, il passa outre, éclatant comme un tonnerre sur la tête des grands quand il parlait du prolétaire.

« Les bêtes sauvages, s'écriait-il, les bêtes sauvages ont leurs tannières où elles peuvent se retirer, et ceux qui combattent, qui versent leur sang pour la défense de l'Italie, n'y ont d'autre *propriété* que la *lumière* et l'*air* qu'ils respirent ! Sans maison, sans domicile fixe, ils errent de tous côtés avec leurs femmes et leurs enfants. *Ils ne combattent et ne meurent que pour entretenir le luxe et l'opulence d'autrui*. On les appelle les maitres de l'univers et ils n'ont pas en propriété une motte de terre !

Plainte de la douleur, arrachée par la force de la vérité aux entrailles de la nature.

Derrière le tribun et le peuple on entendit des voix énergiques : c'étaient les esclaves *gaulois*, ouvriers habiles que l'on comptait déjà par milliers à Rome, et qui, rassemblés sur la *voie scélérate*, rue qui menait au Capitole, se montraient les richesses créées à la sueur de leur front, en s'écriant avec l'indignation des cœurs ulcérés par la servitude :

« Ces palais, ces hôtels superbes, nous les avons bâtis, et nous couchons dans des bouges !

» Ces étoffes si précieuses et ces magnifiques tissus de laine et de soie, on les doit à notre travail, et nous sommes vêtus de haillons !

» Nous façonnons l'or, nous taillons les diamants, et nous avons à peine du pain ! »

On leur imposa silence à ces *faux fils* de l'Italie ; et ils se prirent à rêver meurtre et spoliations, dans ces mêmes lieux où leurs descendans éclairés par l'Idée chrétienne et sociale, ne parlent que droit au travail, et liberté d'association. De lois agraires et de partage des terres ? il n'en est nullement question. Non, pas un brin d'herbe de cette propriété plus ou moins bien acquise, pas même un petit décret pour abaisser le taux de l'usure, les décrets étant aux usuriers comme toiles d'araignée aux hibous ; ils ne veulent que la liberté mais toute la liberté. Après avoir fait la fortune de l'individualisme, ils peuvent en créer une seconde mille fois plus riche, mille fois plus stable, celle de la solidarité ; celle-ci restant tout entière aux mains du travailleur, ils n'exigent rien de plus, et cependant ils sont nombreux comme le sable de la mer ; car le sang des martyrs de la liberté n'a pas vainement coulé à Rome, à Jérusalem, à Paris, à Lyon, à Varsovie et dans les plaines de la Hongrie : il en est sorti une moisson qu'on entend pousser : la moisson de la République uuiverselle !

Les Gracques, précurseurs de Jésus, de Marat et de Robespierre, eurent le même sort que ces grands initiateurs de la démocratie. L'aîné périt assommé par son beau-frère, le plus farouche des dévots à l'ordre usuraire et aux mystères de la bonne déesse : le jeune, pour échapper à l'ignomie d'une mort pareille, se fit tuer par un esclave. De ce naufrage sanglant, les peuples sauvèrent le droit de cité.

L'exploitation et l'usure triomphèrent.

Retranché dans ce repaire comme entre deux rocs inaccessibles, l'aigle dévora en paix l'immortelle proie. Une habile politique alimenta le butin en écartant les hommes libres. La guerre en devint l'exutoire. Pour le reste on se passa d'eux, en faisant de Rome un immense marché de chair humaine où l'aristocratie se pourvoyait d'artisans et de cultivateurs. Elle exploita les esclaves au détriment du peuple ; le capital, à l'heure présente, exploite les machines, géants aux mille bras, esclaves au tempérament de fer dont la concurrence tue l'ouvrier, broie sa famille. C'était, il est vrai, tomber dans un nouveau danger ; car les esclaves, enhardis par le nombre, se ruèrent contre leurs maitres, le choc faillit renverser le pouvoir ; mais sans appui dans le peuple, sans principe et sans guide, n'écoutant que le désespoir et la vengeance, ils durent succomber. En deux battues générales, on en tua plus d'un million. Maintenant plus de crainte. Les plébéiens dispersés aux frontières, ont été corrompus par l'exemple; instruments de brigandage ils prennent leur part, tout en rapportant aux maitres du monde une opulence auprès de laquelle la fortune des Juifs, rois de l'époque, n'est que pauvreté.

Alors on eut un exemple de tous les vices qu'engendrent infailliblement le pouvoir et les richesses condensés dans une ou plusieurs mains. Qu'importe que le pouvoir s'appelle Sylla, Octave, Néron, Borgia, Louis XV, Barras, Pie IX, ou *Bomba*? .....

Les préteurs, les consuls et proconsuls, revêtus de plus de prérogatives que les rois, commettaient les actes les plus effrontés d'orgueil, d'avarice et de barbarie. On les vit passant près des villes, faire arrêter leur litière, et ordonner qu'on leur apportât l'inventaire de toutes les richesses; ils n'avaient que l'embarras du choix : vases d'or, pierres précieuses, statues et tableaux rares, tout tentait ces grands voleurs, dignes représentants du parti des spoliateurs !

Du pouvoir au sensualisme le plus abrutissant, le pas est facile : on le franchit dans le sang et la boue à la villa consulaire comme aux Tuileries. On s'y vautrait à la façon du roi Henri. Sous la censure de Caton, il se trouva en une seule année 170 femmes qui avaient empoisonné leurs maris. Du moins, Caton !... Eh ! l'austère censeur, déjà bien vieux, entretenait commerce avec une esclave, s'enivrait comme un *prince*, et prêtait à 50 pour 100. Honneur à Caton, vigoureux défenseur de l'ordre, impitoyable vengeur de la morale ! Honneur donc aux prétendus Catons de l'époque !

Nommons Verrès ! et nous aurons résumé les prévarications, les actes arbitraires, et l'impudence de tous, ainsi que leurs rapines, vols, injustices criantes ; source et cortége des fortunes énormes et rapides.

Quand Cicéron s'éleva contre ce brigand qui avait poussé l'audace jusqu'à mettre en croix un citoyen romain, il dut braver la haine, les fureurs des *honnêtes et modérés*, tous les haut-placés, la finance, les grands, dont la solidarité fait le rempart du vice doré. *La bonne compagnie* cribla de ses sarcarmes *l'homme nouveau* qui, prenant la cause de la vile multitude, osait attaquer un homme *comme il faut*, qui réunissait à ses fêtes splendides tout ce que Rome contenait d'illustres personnages ! Verrès échappa à la condamnation en versant 9 millions et se retira pour quelque temps dans ses terres. En vérité, en vérité, la domination d'un seul, ou de quelques uns, ou d'une classe, est le mal, fils de l'enfer, l'abomination de la désolation dans le peuple.

Pour ces *repus* modèles, que de raisons de croire à la stabilité de leur domination, à *l'immutabilité* du systême, l'immobilité dans la *satisfaction* ! Propriétaires du monde connu, ils l'avaient orné comme un domaine paternel, couvert d'arcs de triomphe, de temples, d'amphithéâtres, de cirques et d'aquéducs ; sillonné de routes, grandes artères portant jusqu'aux limites extrêmes l'impulsion de Rome, ses lois, ses mœurs, sa littérature, ses invincibles légions enfin tout ce qui constitue la force et la vie. Qui donc aurait pu leur prouver que cette civilisation n'était pas le dernier mot du progrès, la dernière halte de l'humanité ! quelle voix assez pénétrante pour ébranler seulement la confiance de ces demi-dieux ? Horace et Virgile assis à leurs banquets célébraient leurs loisirs et leur empire sans fin !

Quand, à l'exemple des rois de Bithynie, mollement étendu sur des coussins remplis de roses de Malte, une guirlande des mêmes fleurs au cou, la tête couronnée d'amarantes cueillies en Egypte, inondé des parfums d'Idumée, le riche romain dévorait le revenu d'un royaume dans un de ces diners auprès desquels l'orgie de Grandvaux n'était qu'un repas d'anachorètes, quand il faisait servir à ses convives peu nombreux les productions de tous les continents, et qu'avant de leur passer la coupe d'airain de Corinthe où pétillait le vin de Chio, il offrait une libation à Jupiter *Stator*, comment aurait-il reçu le prophète annonçant la transformation de la société par la propagande de quelques esclaves et le fer des barbares ?

« — Chevaliers, consuls et sénateurs, il paraît certain que les frontières sont à la veille d'un violent assaut. On entend partout dans l'immensité de leur contour un fracas sans pareil d'armes, de chevaux et de guerriers ; on dirait l'Océan qui monte : et du fond de la Germanie, s'élevant par dessus les forêts et les montagnes un bruit formidable, comme le choc de deux grandes armées, a retenti...

» — Ami, grâce du reste ; merci de ta prose imitée de Virgile, imitation pâle et *triste*... Crois-moi, personne ici n'aime les contre-façons pas plus celle de la poésie et de la tristesse, que celle du vin et de la gaîté.

» — Encore un mot, les légions de Varus viennent d'être massacrées par les barbares. Ils ont envoyé au sénat la tête du général. Auguste frappé de stupeur à ce coup laisse craindre pour sa raison.

» — C'est trop de bonté de sa part . . . quelques plébéiens de moins ! *une surprise* ! . . . Pour la venger, n'avons-nous pas Germanicus et les légions de Gaule, d'Espagne, d'Illyrie, et dix autres armées, et, s'il était nécessaire, vingt millions d'affranchis !

» — Enfin, l'on dit qu'un vaste complot d'esclaves s'est formé en Judée et s'étend jusqu'à Rome. Le fils d'un charpentier en était l'âme et le chef ; novateur dangereux, enragé révolutionnaire, il ne parlait que de démolir la société, détruire la religion et nous détrôner nous-mêmes en proclamant la communauté des biens, l'égalité de tous les hommes, esclaves et patriciens, la liberté et la fraternité universelle, au nom d'un Dieu inconnu.

» — Quelle folie !

— Ce Nazaréen a été crucifié par Ponce Pilate.

» — A la bonne heure ! Le gouverneur de Jérusalem a bien mérité de la religion, de l'ordre et de la propriété ! Et si ce misérable, ce buveur de sang, cet ennemi de la société, a fait des prosélytes, il faut les livrer à la justice. Que les lois, les prisons, les fers, la torture, les juges, les bêtes féroces et les bourreaux nous debarrassent de cette peste ! qu'on les crucifie ! qu'on les extermine ! »

Qui donc avait raison ? le parti de l'ordre, ce gouverneur qui clouait notre Christ, ces patriciens, défenseurs de la religion et de la propriété, conservateurs des saintes traditions, qui proscrivaient l'Idée nouvelle ? ou ce Nazaréen qui mourait pour son *utopie*, ces ouvriers illétrés, ces esclaves, ces pauvres femmes qui la propageaient au prix de leur vie ? . . .

Je conclus donc contre l'autorité despotique et

ses étais ensanglantés : gouvernementalisme, législations, constitutions humaines, ignorance et superstition, — usure et exploitation.

1. Contre l'usure et l'exploitation, je demande non pas un décret, non pas le châtiment des usuriers, mais une institution qui distribue gratuitement le crédit aux travailleurs associés et qui mette un instrument à la portée de tout homme ayant deux bras pour le manier.

2. Contre le gouvernementalisme, les législations et constitutions humaines, auxquelles j'oppose la volonté du peuple, demandant une loi unique avec la philosophie antique, avec le christianisme et l'idée sociale ; avec Cicéron, Jésus et Proudhon, suivant ces paroles du plus éloquent des philosophes :

« Il est une loi animée, une raison droite,
» convenable à notre nature, répandue dans
» tous les esprits, loi constante, éternelle, qui,
» par ses défenses, nous détourne de toute
» transgression ; elle n'a besoin ni d'explica-
» tion ni d'interprète autre qu'elle-même ; loi
» qui ne sera jamais différente à Rome, diffé-
» rente à Athênes, autre dans le temps pré-
» sent, autre dans le temps postérieur ; par
» elle, il n'y aura jamais qu'un maître com-
» mun, qu'un empereur universel...... Dieu
» seul ! »

Attendu que plus il y a de lois, moins il y a de justice et plus il y a de corruption, *corruptis moribus*, *multæ leges* ;

Attendu qu'il a été reconnu qu'en dehors de la loi évangélique, loi de *grace*, *d'amour* et de *liberté*, les législations sont défectueuses, attentatoires à l'égalité, pleines de dangers et de piéges pour la bonne foi ;

Attendu « qu'il y a autant de liberté et d'étendue à l'interprétatiou des lois qu'à leur façon ; » (Montaigne.)

Attendu que dans ce labyrinthe de contradictions amoncelées, de solutions et d'arrêts qui se combattent, dans ce triple dédale de formalités, de marches et contre-marches, il a été, de tous temps impossible d'atteindre les voleurs émérites, les grands brigands qui s'y cachent, comme le Minotaure avec sa proie;

Attendu que ces lois, codes, chartes, digestes et pandectes sont une usurpation sur la *Nature*, seule législatrice légitime et parfaite, dont la volonté droite, immuable, lumière du monde moral, qui, à tout heure et pour tous, promulgue dans les hauteurs des intelligences la *loi-vérité*, en face de laquelle les institutions oppressives des pouvoirs et des siècles légiférants, pris en flagrant délit de partialité, d'erreur et de cruauté, s'élèvent comme un épais brouillard qui cache la Justice;

Je demande pour unique base, seul Code et seule Constitution de la République des *égaux*, cette loi invoquée par la philosophie antique, acclamée par le christianisme et vivifiée par le socialisme; comme moyen d'application, un conseil de citoyens révocables, issu du suffrage universel; avec le concours de la science, du progrès industriel et du bien-être pour en assurer le triomphe.

3. Contre l'ignorance et la superstition, je réclame la diffusion large, franche de l'instruction professionnelle, attrayante et gratuite; avec la liberté illimitée de tous les moyens d'enseigner les hommes faits.

Tous les pouvoirs seront coupés par le pied quand chacun sera éclairé sur ses droits.

Les rois veulent *régir*, la théocratie veut *théocratiser*, les grands veulent *grandir*, et l'homme ne veut qu'une chose : *le bien-être*. Il l'obtiendra s'il le demande à la science ; car de la main des grands il n'a jamais reçu que des chaînes. L'homme est né libre, s'écrie Rousseau, et partout il est dans les fers.

Mirabeau l'a dit : « L'instruction et la liberté sont les bases de toute harmonie sociale. Avec l'instruction et la liberté, on verra bien que ce n'est pas en blessant les hommes, mais en les aimant qu'on procurera la prospérité universelle. »

Hâtons-nous de mettre les peuples à même de comprendre que toute monstruosité sociale, un abus de la force, un coup d'autorité, un acte d'arbitraire ou d'exploitation de l'homme par l'homme doit trouver son remède aussi vîte qu'on court éteindre le feu chez un voisin, sous peine de voir sa maison brûler.

« Eclairez les hommes, vous n'aurez d'autre
» emploi à faire de votre éloquence que de
» vanter leur bonheur ! »

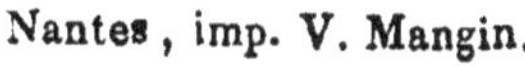

Nantes, imp. V. Mangin.